シリーズ・女の幸せを求めて
生長の家『白鳩』体験手記選⑤

嫁姑　大調和して摑んだ幸せ

日本教文社編

日本教文社

目次

装幀　松下晴美

編者はしがき

この「シリーズ・女の幸せを求めて　生長の家『白鳩』体験手記選」は、生長の家にふれて、幸せを得た女性の体験を紹介する、小社刊行の『白鳩』誌の「体験手記」をテーマ別に精選編纂したものです。本書中の年齢・職業・役職等は同誌に掲載された当時のもので、手記の初出年月はそれぞれの末尾に明記してあります。

シリーズ第五巻の本書は、嫁姑関係がテーマです。姑との間に深刻な悩みを抱えた女性が、姑を自分の本当の母親として拝み、感謝したとき、姑との間に調和がもたらされた体験など、生長の家の教えを学ぶなかで、嫁姑関係が好転した体験を綴った手記を紹介します。本書が、読者の一層の幸福生活のための一助となることを願って止みません。

日本教文社第二編集部

「村一番の勝気」と言われた姑に心の底から感謝できるまで

広島県竹原市　中沖益美《なかおきますみ》（61歳）

ずけずけとものを言い、村一番の勝気だと言われた姑《しゅうとめ》に悩んだ。生長の家の本を読んで心のやすらぎを求め、嫁姑の心のねじれや衝突が子供たちに及んでいると知り反省した。今、その姑は入院している。わだかまりは解け、姑のお蔭《かげ》で魂が訓練されたと思えるようになった。病院に見舞うたびに「お姑《かあ》さん、ありがとう」と耳元に口を寄せて話している。

私は広島県南部の竹原市忠海《ただのうみ》で生まれました。父は信仰心が篤《あつ》く、常に氏神様や家に祀《まつ》る神棚に手を合わせていましたから、私も幼い頃から神様の存在を強く感じて育ちました。父は三原市にある「帝人」の工場で営繕部に勤める大工でした。私も中学を卒業すると工場の中にある病院に看護婦見習として就職しました。午前中は病院で働き、午後は看護学校に通って准看護婦の資格を取得しました。

十八歳の時、入院患者さんが「すばらしい本だから読みんさい」と『生命《せいめい》の實相《じっそう》』(生長の家創始者・谷口雅春著、全四十巻、日本教文社刊)という生長の家の本を貸してくれました。勤務の忙しさの中で、父から受け継いだ信仰心のためか、何か宗教の本が読みたいと求めていましたから、不思議な縁を感じました。そこに書かれている真理の言葉に胸が熱くなりました。特に「神に感謝しても父母《ちちはは》に感謝し得ない者は神の心にかなわぬ」という言葉が強く印象に残りました。

母は無口ですが気配りのある優しい人でした。土曜日に寮から実家に帰ると、どんなに夜遅くても「まっちゃんが帰ってきた！」と喜んで出迎えてくれて、食事の用意をしてくれました。『生命の實相』を読んであらためて両親に「私を生んで下さってありがとう」と感謝できました。

ところが私には新たな課題が与えられていたのです。魂を磨くための試練でした——。

「村一番の勝気」と言われた姑に心の底から感謝できるまで

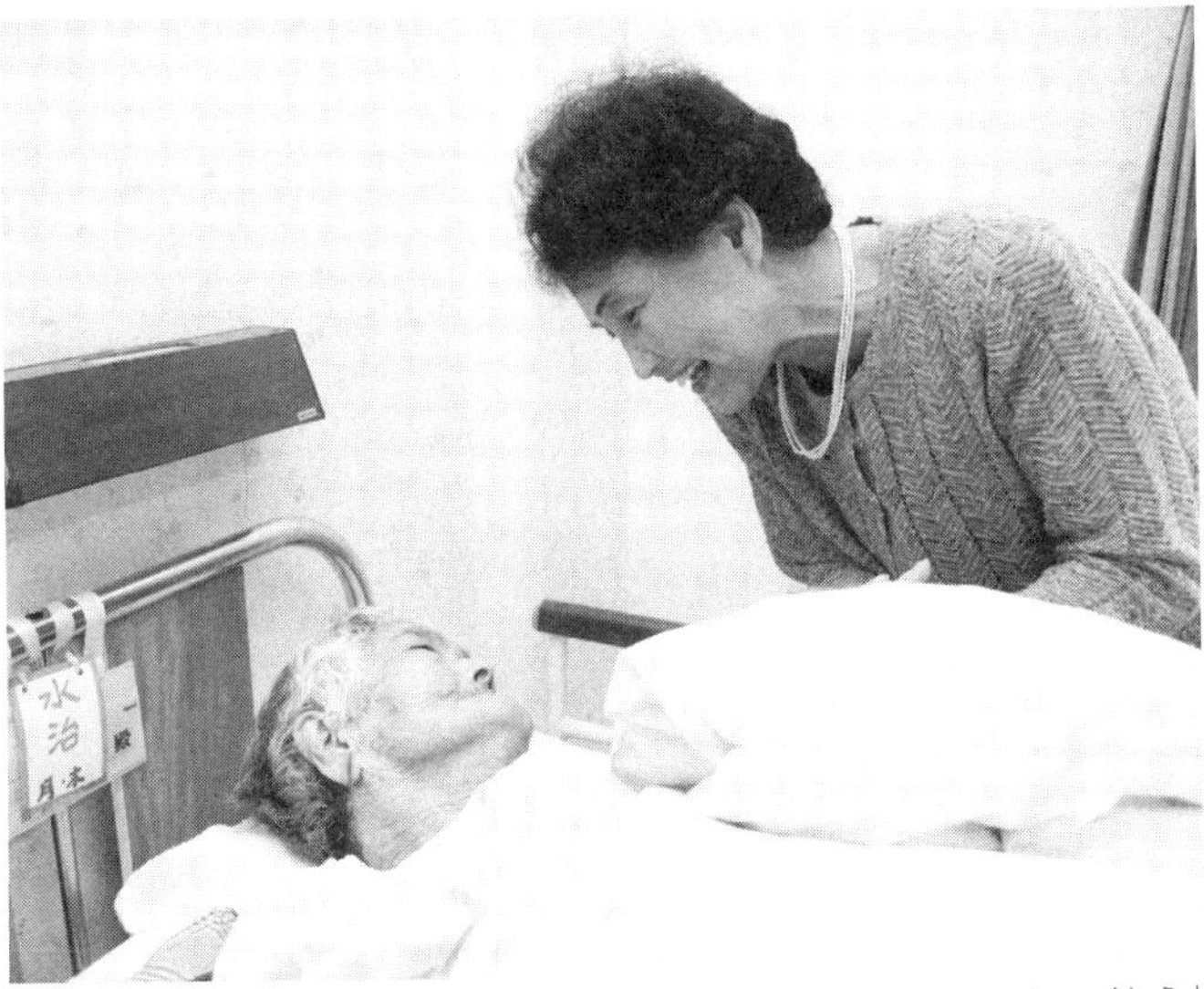

入院中のお姑さん（松子さん）に「お姑さん、いろいろ教えてくれてありがとう」と感謝のことばを掛ける中沖益美さん

お姑《かあ》さんとの不調和

私は、二十二歳の昭和三十九年に見合い結婚しました。主人は三原市にある大企業の工場に勤めるサラリーマンです。温厚な人柄と明晰《めいせき》な頭脳で、尊敬できる人と思いました。

お姑さんは戦争未亡人で、女の細腕でひとり息子を育てただけに「村一番の勝気」の風評がある人です。私の両親は危惧し、一度は断りました。それでも、本人同士に問題はなく、実家の近くの相手がいいし、早く結婚させたい、ということで結婚に踏み切りました。

しかしやがて母は、私の嫁ぎ先まで外から様子を見にくるようになりました。娘の私のことが心配でたまらなかったのです。

私も五人きょうだいの長女ですから気が強く、そのたびに「お母さん大丈夫よ。心配しないで」と言葉をかけ、母は安心したように帰って行きました。でも母には、私とお姑《かあ》さんとの確執《かくしつ》が見えていたのです。そのため「あの娘が可愛そうだ」と娘を嫁がせた責任で自分を追い込み、ノイローゼになり自《みずか》らの命を絶ったのです。

母の亡きがらにすがりながら、「お母さん心配かけてご免なさい。お姑さんと仲良く生活するから安心して」と心に誓いました。とめどなく涙が流れました。でもその誓いもむなしく私は結婚した年の十月に黙って家を出て、京都の叔母の家に身を寄せました。

その時には、五ヵ月目に入った赤ちゃんがお腹《なか》に宿っていました。私は「もうあんなお姑さんのいる家には帰りたくない」と思っていましたから、堕《お》ろそうかと迷いました。叔母に「亡くなったお母さんを悲しませないで」と説得されて思い止まりました。

主人が迎えに来てくれて戻ることになりました。主人は切実な表情で「ああいう親だから……辛抱《しんぼう》してくれ」と、私の手を強く握りしめました。お姑さんと私の間に立って主人も苦しんでいるのだと思うと申し訳なくて「ごめんなさい」と詫《わ》びていました。

戻ってきた私を、お姑さんは怒りもしないで「よく帰ってきてくれた」と迎えてくれました。でも円満な状態は長くは続きませんでした。お姑さんは昼間は男の人に混じって、護岸工事や道路補修のきつい仕事をしていました。そうやって主人を育て上げたのです。

昼間の労働で疲れた時のお姑さんは、表情もとげとげしく敷居のゴミまで点検して私を叱《しか》りました。食事の後片づけも敏速にしないと機嫌が悪いので、私の神経はいつも張りつめて、心が安まらなかったのです。が、神さまは救いの手を差し伸べてくれました。

京都から戻ってきた年の暮、帝人の病院に勤めていた頃の知り合いと町で出会ったのです。その方が、生長の家の梶白《かじしろ》ヨシ子講師を紹介してくれました。梶白講師は「人間は神の子ですよ。神様の世界は善一元の世界で悪はないんですよ。だから嫁姑の問題もありません」と熱く語ってくれました。その上、聖経『甘露《かんろ》の法雨《ほうう》』(生長の家のお経)と『白鳩』誌を渡してくださり、「これを読めば心が明るくなりますよ」と力強く肩を叩《たた》いてくれました。

それからは真剣に『甘露の法雨』を読ませていただきました。珠玉《しゅぎょく》のような真理の言葉が私の魂を激しくゆさぶりました。私はこれで救われると思いました。

間もなく男の赤ちゃんが生まれました。初孫にお姑さんも喜んでくれましたが、生後五十日目に腸捻転《ねんてん》という病気でこの世を去りました。しばらくは子供を失った悲しみで気力が萎《な》えてしまいました。でも私には生長の家がありました。この悲しみをきっかけに聖使命会員*となり、子供は霊宮《れいぐう》聖使命会員*としてお祀《まつ》りしました。

生長の家の聖典『生命の實相』も全四十巻を買い揃えて必死の思いで読みました。読み進むうちに、腸捻転という病気は、私がお姑さんに素直に感謝できないで、ねじれた感情を持っていた心の現れだと気がついたのです。赤ちゃんは誰よりも嫁姑の争いを悲しみ、私に教えてくれたのです。

「ああ申し訳なかった。ごめんなさい」と亡くなった子に詫びて懺悔《ざんげ》の涙を流しました。亡くなった子・敦《あつし》は、私を真理の道に導いてくれた観世音菩薩《かんぜおんぼさつ》*でありました。

六人の子宝に恵まれる

命の大切さを学んだ私に、その後六人の子供が授かりました。お姑さんも孫を可愛がって、時には小遣いも与えて下さいました。

ただ、五番目、六番目の子供が宿った時は、厳しい家計のことも考えたのでしょうが、お姑さんは「堕ろしてきなさい」と言いました。心を鬼にして言っているのだと思い、「子供は親を選んで生まれてくるそうです。神様が育ててくれますから生ませて下さい」

と頭を床にこすりつけてお願いしました。

私の姿を見て、お姑さんも承諾してくれました。九人の大家族になって、座る暇もないくらいでしたが、子供は順調に育っていき、私は寸暇《すんか》も惜しんで『生命の實相』を読み、習い覚えの神想観《しんそうかん》（生長の家独得の座禅的瞑想法）を一人で実修しました。ところがお姑さんは生長の家が大嫌いでした。生長の家の郵便物や本を見つけると、破ってしまうのです。

そんな時はお姑さんを拝むことは出来ませんでしたが、私は逆に生長の家の勉強に引きつけられていきました。私の信仰が本物かどうか、試されているような気がしたからです。

そんな中、子供たちが次々に交通事故に遭いました。まず、二男（正しくは三男ですが、長男が生後すぐに亡くなっているので、それぞれ繰り上げて呼んでいます）が大学生の時に、乗っていた単車が対向車と正面衝突して全壊しました。その後、三男と三女もそれぞれ事故を起こしました。どの事故でも子供や相手の方は奇蹟的に助かり、神様に感謝しましたが、私は自分を顧《かえり》みて猛省するばかりでした。どの事故も、私が心の中でお姑さんと衝突していた時に起こっていたからです。

六人の子供は、大学・短大・専門学校をそれぞれ卒業して、立派な社会人として巣立って行きました。ところが長男が会社に勤めて二年目の平成三年に、対人関係の問題から突然会社を退職して、自分の部屋に閉じ籠もり、家族との接触も拒否する状態が平成九年まで続きました。

その間、私は神想観で「あなたは素晴らしい神の子です。実相*は完全円満です」と祈り続けて、暗い現象を観《み》ないようにし、お姑さんとも和解するように努めました。

長男も立ち直ろうと努力している様子でした。県内の安浦町に嫁いでいる長女の夫が事業をしていて、「うちで働いてみないか」と誘ってくれました。長男はうなずき六年間お世話になりました。その間に長男は元の明るい性格に戻りました。今年春には看護婦さんとの結婚も決まり、新しい人生を拓《ひら》きたいと、理学療法士の資格を取る専門学校に入学しました。

誰よりも長男のことを心配してくれたお姑さんは今、病院のベッドの中です。昨年六月に脳出血で倒れたのです。倒れる前に「もうあなたには教えることがない」とつぶやくように言いました。一瞬驚きましたが、お姑さんから嫁としての卒業証書をいただいたような気がして、目頭が熱くなりました。

そのお姑さんが今はいとおしいのです。病院では、お姑さんの手を握りしめて「今までいろいろ教えてくれてありがとう」と耳もとで声をかけています。倒れた時は手術も不可能でしたが、奇蹟的に生命を維持して、呼びかけると、うなずくまでに回復しました。薄く目を開いて私の顔を確認すると安堵《あんど》の表情になります。

長い間の確執はすべて私がお姑さんを心で摑《つか》んで、ひとりで苦しんでいたことでした。どんなに厳しく叱責《しっせき》されても、素直に善意に受け取れば感謝できたことだったのです。

昨年の暮、お姑さんの看病のために、私は昭和五十四年から看護婦をしていた地元の医院を定年退職しました。これからの人生は、私を導いてくれた生長の家を伝えていきたいと思っています。行動範囲を広げたいと、今自動車教習所に通っています。

私には夢があります。助手席にお姑さんを乗せて、おだやかで温かい瀬戸内海の自然を満喫させてあげたいと思っているのです――。

（平成十五年八月号　撮影／中橋博文）

＊聖使命会員＝生長の家の運動に賛同して、月々一定額の献資をする「生長の家聖使命会」の会員のこと。
＊霊宮聖使命会員＝生前、聖使命会員であった御霊のために、遺族が本人に代わって霊宮聖使命会費を継続納入する場合、霊宮聖使命会員として、生長の家宇治別格本山の宝蔵神社に祭祀される。また、生前に聖使命会員でなかった御霊も、遺族の申し込みにより祭祀することができる。
＊観世音菩薩＝様々な人々の姿となって私たちを教え導かれる方を、ここでは観世音菩薩と見なしている。
＊実相＝神が創られたままの本当のすがた。

「大調和」してつかんだしあわせ

東京都町田市　小池洋子《こいけようこ》（39歳）

「お姑《かあ》さん、夕食の支度《したく》ができました。召《め》しあがってください」

二世帯住宅の下の階に住むお姑さんを迎えて、私たち家族六人の食事が始まります。「きょうは、お姑さんと一緒に買物に行ってきた」と話すと、主人は目を細めて嬉《うれ》しそうにうなずいてくれます。

トラブルと家族の病気

思えば、ここまでくるには遠いような短いような道のりでした。警察官の主人と恋愛結婚した私は、初めてお姑さんを紹介されたときから、〝上手にやっていけるだろうか？〟という不安がありました。お姑さんも警察官（駐在所）の夫を持ち、二人の子どもを育てた気丈《きじょう》な人でした。私は薬局を営《いとな》む両親のもと、三人姉妹の末っ子として甘やかされて育ちました。そんな私を心配して、母は嫁入り道具の中に、聖経『甘露《かんろ》の法雨《ほうう》』（生長の家のお経）を入れてくれました。

お姑さんと衝突《しょうとつ》が始まったのは、結婚してまもなくでした。私の不慣《ふな》れな家事の仕方が、テキパキと何でもこなすお姑さんの神経を逆《さか》なでしたのかもしれません、「あなたは、どういうしつけを受けたの」と叱《しか》られるようになりました。私が叱られるのはともかくとして、実家の両親のことまで非難されると、私も我慢ができませんでした。

戦前から生長の家を信仰していた私の両親は、「あなたは神の子よ、無限力があるのよ、素晴らしい、素晴らしい」と、誉《ほ》める教育で私たち姉妹を育ててくれ、私たちを目に入れても痛くないというくらい可愛がってくれました。そんな私が両親とはまったく違った環境で生活してきたお姑さんと住むには、多少の無理があったような気がします。

お姑さんは、悪い時は叩《たた》いてもよいというしつけ方法をとる方でしたから、思ったことはズバズバと指摘されました。決して悪気《わるぎ》はないのだと思いながら、ときには胃が痛くなる日が続くこともありました。お姑さんに対する不平不満が募《つの》ると、いつのまにか心ならずも、お姑さんに対して反発している自分がいるのでした。

沈んだ気分で暗い表情をして毎日を過す私。一家の主婦がそんな気持でいて、いいわけはありません。病院と縁が切れるときがないくらい、次から次へと家族が病気になりました。

まず長男が一歳のとき、頭におできができました。長男は口達者《くちだつしゃ》な子で、三歳頃から、お姑さんに対して憎まれ口を叩くようになりました。私は子どもの前では、お姑さんの悪口を言ったことはありません。長男の悪口雑言《あっこうぞうごん》は、私の感情の代弁のようでハラハラしました。

何かにつけて反抗的な長男にくらべて、三歳違いの次男は甘え上手でしたから、お姑さんも人一倍、可愛がってくれました。

長男のおできが治ると、今度は主人が原因不明の喉《のど》が腫《は》れる病気で入院し、主人が治ると次は私でした。「四谷怪談」のお岩さんのように目が腫れて入院し、さいわい大事には至らず、治ってホッと胸をなでおろしました。

しかし、それだけにとどまらず、平成二年十一月には、次男が生命にかかわる重い病

義母・ヨシイさん（右）と楽しそうに談笑する小池洋子さん

気で入院したのです。医師の言葉では、一年半の治療を要するとのこと。ことの重大さに目の前が真暗になりました。「神さま、次男を救って下さい！」。生まれて初めて、神に手を合わせました。

私が病気のとき、実家の母が『甘露の法雨』を枕元で読んでくれたり、「実相《じっそう》を観《かん》ずる歌」（生長の家創始者・谷口雅春作詞）を歌ってくれた記憶が蘇《よみがえ》ってきて、私は思わず「お母さん、助けて！」と叫んでいました。

次男の病気を伝え聞いた母の友人の勧めで、私と次男が聖使命会に入会し、神癒祈願《しんゆきがん》*の申し込みもしました。くる日もくる日も、次男の枕元で『續々《ぞくぞく》甘露の法雨』（生長の家のお経）を何回も何回も繰り返し夢中で読みました。これだけ読んだからどうなるという考えはありませんでした。ただひたすら読んでいると、心が安らいできて、神に護《まも》られているという気持になるのでした。治療に懸命にたずさわってくださった医師のご努力と、神のみ護りによって、次男は奇跡的に全快し、八ヵ月で退院できました。

自分の身勝手から…

次男が入院中にも、お姑さんとの葛藤《かっとう》がありました。見舞いにきてくれた私の姉とお姑さんとの間に感情の行き違いが生じたのです。姉に同情した私は、もう我慢の限界を越えていましたから、次男の退院後、「別居」という最悪の方法をとってしまいました。最後の話し合いのとき、私もお姑さんも、お互いに思いのたけを話し合いました。きっと可愛くない嫁だったと思います。事実、お姑さんからもそのように言われました。

別居が決まっても心の中に、引っかかるものがありました。我《が》の強い私の身勝手で、家を出ていくことに後ろめたさがあったのです。そのせいもあって、自宅から目と鼻の先のアパートに引っ越しました。お姑さんに何かあったら、すぐ駆《か》けつけられるような場所を選んでいたのです。

主人が急性膵臓炎《すいぞうえん》で入院したのは、それからまもなくでした。私とお姑さんとの間に立って、家へ帰ってきても神経の休まるときがなかったのでしょう。

同じ頃、三歳になった末娘が、口がきけないことにも気がつきました。もしこのまま放っておいたらという不安から、その頃、生長の家白鳩会*の地元の支部長をしておられた、野村雅子講師に指導を受けることにしました。

野村講師の勧《すす》めで、私と次男だけ聖使命会に入っていたものを、残りの家族全員を聖使命会員にさせていただきました。そして、なくなった主人の父を永代供養《えいだいくよう》*し、主人の祖父母を霊宮《れいぐう》聖使命会員にさせていただき、心をこめて先祖供養をいたしました。お蔭《かげ》さまで、主人は二ヵ月で完治し退院しました。

「同じ神さまのいのち」と拝む

けれども、お姑さんとはまだ和解できないでいました。どうしたらお姑さんを愛することができるだろうか……悩む私に野村雅子講師は、

「お姑さんは、あなたを磨《みが》いてくださる観世音菩薩さまです。素直に何でも〝ハイ〟と拝みなさい。お姑さんと仲良くなれたら、あなたは人生大学の大学院を卒業したことになりますから」

と励ましてくださいました。

野村講師の勧めで、お姑さんに対する今までのこだわりを紙に書き、聖経を誦《あ》げながらその紙を焼き心を浄《きよ》める浄心行《じょうしんぎょう》を行いました。そうして、

「私とお姑さんとは、同じ神さまの生命が流れている。私とお姑さんとは一体である」と拝むようにしました。

お姑さんが買物先のデパートで倒れたのは、それからまもなくでした。お姑さんは糖尿病の持病をもっていて、めまいがして倒れ病院にかつぎこまれたのです。病院から電話で知らされた私は、このままお姑さんを独りにしておいてはいけない、もう一度お姑さんと同居しよう、と決心しました。

たいしたこともなく病院から家に帰ったお姑さんに、私は素直に「また、よろしくお願いします」と頭を下《さ》げました。そのときの主人のホッとした表情が印象的でした。

こうして、三年間の別居生活に終止符をうち、平成五年四月からふたたび同居を始めました。お姑さんと私との両方の希望で二世帯住宅用に家も改造しました。

同居が始まってから、末娘が口がきけないのは滲出性中耳炎《しんしゆつせい》が原因とわかりました。耳に水が溜《たま》って難聴になる病気です。手術のために二週間入院しましたが、その看病のため家を留守にした私に替わって、お姑さんは長男と次男の面倒《めんどう》をみてくれました。いつしか「ああ、お姑さん、ありがとう」と素直に感謝できるのでした。

末娘の手術は成功し、耳が聴こえるようになってから、言葉も話せるようになりました。遅れた時間を取り戻すには、本人にまだとまどいがあるようですが、私は、「神の子だから、絶対大丈夫」と、何の不安ももっておりません。

私の観世音菩薩さまだった！

こうしてすべてが調《ととの》ってわが家に春が訪れようとした矢先、買物が趣味のお姑さんを誘《さそ》って、私の運転する車で出かける途中、助手席のお姑さんが脳梗塞《のうこうそく》で倒れてしまいました。あわてた私は夢中で招神歌《かみよびうた》*を唱えながら、お姑さんを病院へ運びました。

病院は完全看護でしたから付添いの人がいましたが、私は毎日のように見舞って、だるそうな足をさすってあげたり、パジャマの取り替えなどをして看病させてもらいました。

そうしたある日、病気のために口がきけなかったお姑さんが、「洋子さん！」と呼んでくれたのです。目にはいっぱい涙があふれていました。

結婚して初めて、心の底から名前を呼んでもらったような気がして、思わず「おかあさん！」と手をにぎり合っていました。

ああ、やっぱりお姑さんは私の観世音菩薩さまだった。お姑さんのお蔭で私は立派な主人にも恵まれた。今まで自分勝手な嫁でごめんなさい。私の未熟なところを叱ってくださって、ありがとうございました……胸に熱いものがこみあげ、ただ、ただ、感謝の気持でいっぱいになりました。

退院したお姑さんは少し言語障害はありますが、いまでは自宅のアトリエで趣味の書道をたのしんでいます。私も小学校時代から書道をやっていましたから、共通の世界があります。お姑さんとは書道の会派が違いますが、そんなことにこだわる必要もなく、「お姑さんの会派の書道を学びたい」というと、嬉しそうに目を細めています。

あい次ぐ家族の病気とお姑さんとのトラブルを生長の家で救われた私は、いま、母親教室*のお手伝いをさせていただくのがたのしみです。

教室が終わったあと、皆さんと一緒に『白鳩』誌を人様にお配りさせていただいております。私にとっては精一杯《せいいっぱい》の愛行《あいぎょう》ですが、生長の家を広くお伝えしたいのと、私を今まで導いて下さった諸講師への感謝の気持からです。

「お姑さん、食事の用意ができました」

わが家にはいま、明るい笑い声が絶えません。私の心は晴れ渡った青空のようです。人生大学の卒業証書をもらえる日まで、私は調和と感謝に満ちた日々を重ねたいと思います。

（平成八年二月号　撮影／田中誠一）

＊神癒祈願＝神の癒しによって問題が解決するように祈ってもらうこと。生長の家本部、総本山、宇治別格本山、本部練成道場などで受け付けている。
＊生長の家白鳩会＝生長の家の女性のための組織。
＊永代供養＝亡くなった御霊に対して、永く真理の言葉を誦し続け、その魂が解脱、向上することを祈願する供養。生長の家宇治別格本山で実施している。お問い合わせは、最寄りの生長の家教化部、または、生長の家宇治別格本山まで。巻末の「生長の家教化部一覧」「生長の家練成会案内」を参照。
＊招神歌＝生長の家独得の座禅的瞑想法である「神想観」の実修の時に唱える歌。
＊母親教室＝生長の家白鳩会が主催する母親のための勉強会。お問い合わせは、最寄りの生長の家教化部まで。巻末の「生長の家教化部一覧」を参照。

義母に、里の母の姿を観たとき、長年の嫁姑の争いが消えた

高知県南国市　西森三代子《にしもりみよこ》（52歳）

私が生長の家の教えに触れたのは二十一歳、就職のため単身上京したときに、お向かいに住んでいる方に誘われて、初めて原宿の生長の家本部*の日曜誌友会《しゆうかい》（生長の家の教えを学ぶつどい）に行きました。講話された生長の家総裁・谷口清超先生（当時は副総裁）が、大好きだった父の姿とだぶり、「ああ、この教えは大丈夫」と思ったことを、今もよく覚えています。私が高校三年のときに他界した父も生長の家の教えに触れていて、聖経『甘露の法雨』を持っていたことが、後に分かったときには、つくづく父に導かれていることを感じたものです。

その後、高知県南国市に戻った私は、母が勧《すす》めるお見合いで知り合った男性と意気投

合し、昭和四十九年に結婚しました。本当に気さくで楽しい人で、少し暗い私をいつも笑わせてくれる主人と、生長の家の教えに触れているという義母のもと、私は希望に胸を膨《ふく》らませて結婚生活をスタートさせました。

「互いに裁《さば》きあう嫁姑」

昭和五十一年から次々と三人の女児を授かり、とても温かな家庭でした。ところが、子供のしつけやおやつのことなどで義母と意見が合わず、関係がギクシャクし始めました。義母は、孫かわいさのあまり、黙って自分のやり方を押し通すようになったのです。最初は我慢していましたが、やがて互いが互いの欠点を見つけては裁きあうようになり、私と義母の関係は悪化の一途をたどってしまいました。

私は毎日のように主人に愚痴《ぐち》をこぼし、主人もそれを大らかに受け止めてくれ、「お前の言うことはもっともや」と言ってくれるのですが、それでも気がおさまることはなく、何度となく家族で話し合いの場を設けましたが、駄目《だめ》でした。

たまらなくなって、生長の家の講師に相談に行ったり、誌友会や母親教室にも参加し

義母に、里の母の姿を観たとき、長年の嫁姑の争いが消えた

義母・楠子さん（左）に寄り添う西森三代子さん

て、心を調《ととの》えようとしました。そうして、その場では「もっと義母にやさしくしよう」と思うのですが、実際に顔を合わせると、また元に戻ってしまうのです。

義母もまた、同じ講師の元へ相談に行っているようでした。今思えば、義母にはスモン病という神経が麻痺《まひ》していく持病があり、心も体もしんどかったのだと思います。しかし当時の私には、義母の苦しみを理解する余裕はなく、やがては義母の顔を見たり、声を聞いたりするだけで身構えるようになってしまいました。

実家に帰ったり、別居したりもしましたが、関係は修復されず、「私がいることで家族全体が不調和になるのだ」と自分を責《せ》め、主人に離婚を申し立てたのです。しかし主人は、「夫婦仲が悪いわけではないから」と取り合ってくれません。私はついには、自殺することも考えるようになってしまいました。

昭和五十九年に長男が生まれました。同時に主人はサラリーマンをやめ、農業を始めました。初めての農業はそれは大変で、私も乳飲み子を抱えながら、最初に手がけたサツマイモの栽培を手伝いました。出荷の最盛期には、毎日夜明け近くまで作業が続き、手伝っていた里の母も私たちも疲れ切っていました。

ある日、家に洗濯物を取り入れに帰ると、義母は何一つ手伝うこともなく、数年前から脳梗塞《のうこうそく》で半身不随になっていた義父と大笑いしてテレビを見ているのです。はらわたが煮《に》えくり返る思いの私は、「あんたら、あんまりじゃない!!」と怒鳴《どな》りつけてしまいました。自分でも驚くようなことで、やりきれない思いをさらにつのらせました。

その直後、生後五ヵ月の長男が入院してしまったのです。腸の中に腸が入り込んで腐っていく腸重積症《じゅうせきしょう》という病気で、あと数分遅かったら命はなかったと医者に言われました。

幼い体に点滴を打たれ、泣き叫ぶ長男を見ているうちに、「ああ、子供の病気は親の心の影《かげ》なのだ。子供に辛《つら》い思いをさせるぐらいなら、私自身の心を変えなければ」と痛感しました。生長の家で教える「心の法則」通り、私のはらわたが煮えくり返る心が表れたことが私には分かりました。

それから私は、以前よりも熱心に教えを学ぶようになりました。日々、生長の家独得の瞑想法である神想観《しんそうかん》を行い、『生命《せいめい》の實相《じっそう》』を拝読し、まず自分を変えようと努力を始めたのです。

しかし、義母との関係はなかなか変わりませんでした。昭和六十一年に二男が生まれた二年後、温厚で私たちを見守ってくれていた義父が他界し、私たちと義母の生活は、用件以外何も話さないような冷戦状態になっていました。

義母は近所に行っては私の悪口を言い、「死にたい」と洩《も》らしており、嫁の立場としてはいたたまれない思いでした。きっと義母は孤独で、たまらなく淋《さび》しかったのでしょう。今は理解できますが、その頃はどうしても互いに和解できずにいたのでした。

「里の母と義母の姿が重《かさ》なって…」

スモン病が悪化し、歩行が困難になった義母が骨折で入院したのは平成九年のことです。その後、腸閉塞《へいそく》も併発《へいはつ》し、入院生活を送ることになってしまいました。

「いま、和解しなかったら、きっともうチャンスはない!」

私はそう感じ、最初は嫁の務めとして、義母の入院先に日参するようになりました。

しかし義母は薬で朦朧《もうろう》としていたためでしょうか、当たり散らすように「こんな体に誰がしたの!!」と口走ったのです。〈私のせいじゃないよ〉と最初は思うのですが、すぐ

「いや、私にも責任がある。義母も葛藤《かっとう》しているのだ」と、その頃の私は教えのお陰《かげ》でそう思い直せるようにまでなっていました。

毎日病院に通っているうち、私の心の中に「義母に、私の実相は素直でいい子なのだということを見てもらいたい」という思いが湧き起こるようになっていったのです。そして、もう嫁の務めといった義務感や世間体《せけんてい》でなく、全身全霊でお世話をさせていただくようになりました。

ある日、隣りのベッドの人が「娘さんですか」と聞くので「嫁です」と応《こた》えると、「うちの嫁はそんなに毎日来てくれないよ」と驚いているのです。すると義母が、「嫁がよくしてくれるから本当にありがたいんですよ」と言ってくれたのです！　私はうれしくてうれしくて仕方がありませんでした。

平成十年、義母は退院しましたが、それからほどなくして、今度は里の母が入院してしまいました。末期の大腸ガンで、入院してからたった三十五日間で母は逝《い》ってしまいました。

その後しばらく、私は放心状態でした。あるときは、まだ母がいると錯覚して、実家の電話番号を回してしまったほどです。「母は本当にいないんだ」と愕然《がくぜん》とする日々から、しばらく経《た》ったある日、突然こんな思いが私の心に湧《わ》きあがってきたのです。「もう母はいないと思っていたけれど、そうじゃない。私の母はいるではないか。西森の母こそが、私の母ではないか！」

里の母と義母は一体なのだということが、その時にやっと分かったのです。ならば、いま、義母を大事にしなくては…！　その頃義母は、腸閉塞とスモン病で再入院をしていました。そして、死ばかりを考えて過ごしていたのです。

私は義母の元へ飛んでいき、「お母さんと呼べるのは、お姑《かあ》さんだけしかいないのよ。だから長生きしてね」という思いを心から伝えました。それでも義母は鬱《ふさ》ぎ込んで、「すまんね、迷惑かけるね」とばかり言うのです。

私はある日、「ねえお母さん、すまんねという言葉を、ありがとう、に変えようよ！お世話させていただけて私は有り難いと思っているのよ。看護婦さん達も『ありがとう』の方がうれしいと思う」と言いました。すると義母はその日からみるみる変わり、とても明るくなっていったのでした。私が祈り、描いてきた実の親子の心のつながりが現実になった瞬間でした。

義母はたびたび入院していますが、今回の入院は三年間になっています。私は週に二〜三回は訪ね、お世話をさせていただいているのですが、いまはもう、嫁姑の関係を超え、親子以上の絆《きずな》が感じられるようになりました。結婚当初に夢見ていたように、義母と生長の家の真理について語り合えるようになり、そのたびに私は、義母から温かで力強いパワーを与えていただいているような気がします。

最近の義母は不平不満は一切言わず、「いいことしかないのが人生よ」と言うのが口癖《くちぐせ》で、「私は本当に幸せ。お迎えがきても、幸せだったと言って逝ける」と言ってくださいます。そんな私たちを見て、主人は「奇跡が起こった！」と、目に涙をいっぱい溜《た》めて言うのです。

主人にも、私は日々感謝の気持ちでいっぱいです。私と義母の間に挟《はさ》まれて、主人がいちばん辛《つら》い思いをしていたと思うのです。それでも、どんなときでも私の思いを受け止めてくれた主人は、私にとって父親のような、神様のような存在です。

今年、私たちは古い家を売り、現在は借家住まいをしていますが、来年には新居が完成します。そこに義母を迎え入れることができればと思っています。主人も、五人の子供たちも全員、今では信徒になり、それぞれが幸せな暮らしをしています。

当初あんなに大変だった農業も今は順調で、現在は「ニモちゃん農園」という名で、高知特産のトマトを、無農薬を目指して作っています。おいしさが評判で、地元のスーパーでほとんどが売切れてしまうんです。農園は、自発的に長男が継ぐことを決めてくれ、将来も安泰です。

いま私たちは、〝人生学校〟の課題を心ほのぼのと成し遂げていける幸福を皆様にお伝えしたくて、新居で近所の方々とともに家族で誌友会を開くことを考えています。そして、なによりこの幸福を導いてくれた人こそが、私の真の母である、西森の母なのです。

(平成十三年九月号　撮影／中橋博文)

＊生長の家本部＝生長の家の布教、伝道の中央拠点。(〒一五〇―八六七二　東京都渋谷区神宮前一―二三―三〇　電話〇三―三四〇一―〇一三一　FAX〇三―三四〇一―二五九六)

星の数ほどのご恩に気づいて生まれ変わった私

香川県高松市　三村紀久子《みむらきくこ》（52歳）

不平不満の日々に疲れ果てて

ちょうど今から三年前。平成元年の暮れもおしせまったある日、私は『白鳩』というきれいな表紙の雑誌を手に、電話機の前に座っていました。その雑誌は、そもそも姑の家のポストに入っており、「これ、いいことが書いてあるから、読んでみたら？」と、その一週間ほど前に勧《すす》められたものでした。

その頃の私は、姑に固く心を閉《と》ざしたままでいる真っ最中で、素直に「ハイ」ということができないでいました。でもなぜか、自分の家に戻ってからも、その雑誌のことが気にかかってしかたがなく、次に姑の家にいった折に、こっそりと持ち帰ってきてしまったのです。

読んでいるうちに、もっと詳しく知りたいという気持が強くなりました。そこで私は、最後の方の〝生長の家教化部＊一覧〟というページに載っていた香川県教化部へ、思い切って電話をかけたのです。「生長の家って、何ですか?」。その日が私の、まったく新しい人生の第一歩となりました。

結婚して二十数年間…、生まれ変わる前の私は、いつも悩みとともに生きてきたという感じでした。

姑との不調和は、第二子である長男が生まれた頃から始まりました。

私は昭和三十八年に結婚しました。舅《しゅうと》は昭和二十年に主人が小学校一年生のときに亡くなっており、主人は長男でしたから、姑との同居はあたりまえと思っておりました。

結婚後も、主人も私も小学校教師として勤務し、姑も二十年間勤めた小学校教師を病気で退職後、保育園に勤めていました。経済的なこともあって、結婚二年目に生まれた長女は、主人の親類のおばさんに預《あず》かっていただき、私は働き続けていましたが、長男が生まれた頃、おばさんのところで初孫が生まれて、二人の子を預かっていただくこと

「練成会では、姑への申しわけなさと感謝を、より深く感じさせていただきました」と三村紀久子さん

ができなくなりました。

そのとき私は、今度は姑が保育園を辞《や》めて、孫の面倒を見てくれるに違いないと、勝手に思い込んでいたのです。しかし、姑の返事は、それはできないということでした。

「だったら、私が教師を辞めます」というと、

「働きもしないで、家で子どもとブラブラ遊んでる若い人なんて、どこにもいませんよ」と。

たしかに当時その町には、ほとんど専業主婦の人はいなかったのです。しかし、私はショックでした。その頃から、私の暗い心はふくらんでいったのです。姑がそのときどんな気持で私にそういったかも考えもしないで…。

それからの十年は、自分だけがつらい目にあっていると思いこんだままの、憂鬱《ゆううつ》な日々となりました。

部屋で主人と二人きりになると、別居したい、別居したい、と明け方まで泣きながらブツブツと訴えました。翌朝は、氷で冷やさなければならないほど目が腫《は》れ、そのまま小学校に出勤。朝礼でボロボロと涙をこぼしてしまうこともありました。生徒たちにと

っても、いつもブスッとした暗い先生だったことでしょう。ああ、あの頃私が「生長の家の教育法」を知っていたら！　と、今、心から思います。とうとう私は主人を泣き落とし、姑をたった一人残して、車で十五分ほどのところに家を建て、引っ越してしまったのです。長女は中学一年生、長男は小学校五年生になっていました。

背中から右半身にかけて、ズキズキと疼《うず》くように痛み始めたのは、別居して二ヵ月ほどしてからでした。整形外科へ、鍼《はり》治療へ、カイロプラクチックへ、電気治療へと、よいというところを聞くと、治療にかけずり回りました。果ては、主人に背中に灸《きゅう》をしてもらいながらの勤務でした。原因は不明。直接思い当たることがなく、私にはまた悩みが一つ増えました。

痛みに耐えられず、新しい家にかわってから七年目に、二十二年間続けた教師の仕事も辞めてしまいました。

自分の体のこともさることながら、もともと心配性の私は、長男が成長するにつれ、今度はその将来についても、深刻に悩むようになりました。長男は、時々、私の考えの枠《わく》を越える行動をとることがあったからです。再び私のブツブツが始まり、

「食事中ぐらい、もっと楽しい話ができないのかっ。そんな愚痴《ぐち》はもう聞きたくないっ」

何度主人に怒鳴《どな》られたことでしょうか。腹が立つと、主人が話しかけてきても、何日も口をきかなかったりしたこともありました。

姑の家で『白鳩』と出会ったのは、学校を辞めてこんな生活が五年ほど続いた頃だったのです。

生きている尊さ、受けたご恩に涙が

「生長の家って、何ですか？」

電話をかけた翌日には、近くに住む講師がさっそく来て、お話をしてくださいました。そのとき、平成元年の十二月二十三日、今上天皇陛下の御誕生日に、生長の家の講習会*があることを教えていただき、私は迷わず、「行きます！」とお返事しました。私の中で、何かが変わる――。そんな予感があったからです。

そして講習会当日。二階の端の方でノートにメモを取りながら、私は生長の家総裁・谷口清超先生のご講話、皆さんの体験発表に、ぐいぐい惹《ひ》きこまれていきました。午後からは、白鳩会聖歌隊の皆さんが、聖歌〝星のように〟（生長の家白鳩会総裁・谷口恵美子作詞）を歌われました。

〝この世に生まれたよろこびを　数えたことがありますか　数えようにも多すぎて　御恩をうけた人たちの　やさしい心を思います

いのちが息づく尊さを　想《おも》ったことがありますか……〟

聞きながら、まず思い出されてきたのは、幼い甥《おい》の言葉でした。弟のお嫁さんは、甥が三歳のときに癌で亡くなりました。私の母が、「お母さんはお星さまになったのよ」と泣きながらいうと、その子は、「あんまりいっぱいで、どれが僕のお母さんかわからないよ」と、無邪気な顔で夜空を見上げていたのです。

そのとき星になった義妹は、どんなにこの子を抱きしめたかったことでしょう。また弟の世話をし続けたかったことでしょう。私はいつでも二人の子を抱きしめながら、主人のそばにいることができたというのに。何を不平不満ばかりいっていたのか。生きている私に、姑も主人も子どもも先輩の先生も同僚の先生も、あのときあんなことをしてくれた、こんなこともしてくれた。数えればきりがないほどご恩を受けながら、無視してきたなんて。その上自分のわがままで、主人のたった一人のお母さんを一人ぼっちにしてしまったなんて。私はなんて悪い嫁、悪い妻、悪い母、そして悪い教師だったのだろう…。

ハンカチでふいてもふいても涙は止まらず、私は声を押し殺して泣き続けていました。長年悩まされていたあの右半身の痛みが、あとかたもなく消えてしまっていることに気づいたのは、講習会の一週間後のことでした。

お姑さん、本当にごめんなさい！

翌年の二月には、五日間の練成会《れんせいかい》（合宿形式で生長の家の教えを学び、実践するつどい）があると教えていただき、待ち焦《こ》がれてその日を迎えました。

一日目から四日目は、さまざまな行事を通して、やはりこれまでの、家族を苦しめてきた自分が思い出され、懺悔《ざんげ》の涙があふれ出ました。五日目には、その涙は喜びの涙へと変わりました。〝笑いの大会〟という行事で、何と私は二位をいただいてしまったのです。お腹の底から笑ったことなど一度もなかった、この私が。大喜びで主人に報告する

と、
「おまえが〝笑いの大会〟で二位だって？」
と、ものすごい驚きようでした。無理もありません。主人の知っている私は、泣きべそばかりの女だったのですから。また、最後に、「皆さん、私は生まれ変わりましたっ。この五日間で学んだことを、全身全霊で実行しまーっす」と大声で宣言したのだと話すと、さらに目を丸くしていました。

三月の練成会では、私は、姑への申しわけなさと感謝を、より深く感じさせていただきました。

終戦の年に夫をなくし、女手一つで三人の子を育ててきた姑。どれほど苦労したことでしょう。しかし、仕事を持っていたから生きてこれた。だから姑は私にも、万が一のときにも強く生きられるように、仕事を続けてほしかったのだと思います。また姑は、小さい子をおんぶしたりだっこしたりすると、不眠症になるとともに、体を起こすことも困難になる体質だということを、あとで知りました。子守りを断ったのも、私に迷惑をかけることになったらたいへんだ、という気持があったからなのでしょう。

食事の支度もよく手伝ってくださったし、大きな出費はいつも援助してくださった。背中が痛いから小学校を辞めたいといったとき、主人にいい聞かせてくれたのも姑だったのです。長男のことで取り越し苦労する私に、さりげなく『白鳩』誌を読ませようともしてくれた。それなのに私は！

「お姑《かあ》さん、ごめんなさい。ごめんなさい。私の今までの親不孝を全部返すまで、長生きしとってねーっ」

練成会が終わるなり駆《か》け込んだ姑のもとで、私は泣いてあやまりました。そして数々のご恩に、心から感謝したのです。姑の目にも光るものがありました。


私は昔の友人や、先生方やご近所の方にも、「三村さん変わったわねえ！　生き生きして別人みたい」

といっていただけるようになりました。

「うちの家内、半年で変わってしもたんやー」

と主人が嬉《うれ》しそうにいっていたという話も、主人の同僚の先生から、聞きました。

生長の家を知ってから、夫婦の間はいつも新鮮。二人で合掌し合い、「ありがとうございます」といい合ううちに、まるで新婚当時に戻ったようなムードです。長男のことも、自分の道を自分で決めることができるすばらしい神の子、と思えるようになりました。八十歳を過ぎた姑も健康そのもの。いっしょに御先祖様に『甘露の法雨』をあげられる喜びでいっぱいです。

五十歳で生まれ変わった私は、まだヨチヨチ歩きです。これからは、あたりまえのことに感謝できる幸せな生活の中で、のびのびと大きく楽しく生長していきたいと思います。

(平成四年十二月号　撮影／田中誠一)

＊教化部＝生長の家の地方における布教、伝道の拠点。巻末の「生長の家教化部一覧」を参照。
＊生長の家の講習会＝生長の家総裁、副総裁が直接指導する生長の家の講習会。現在は、谷口雅宣副総裁、谷口純子生長の家白鳩会副総裁が直接指導に当たっている。

亡き姑が見守ってくれている
――「今」を感謝して生きる

静岡県浅羽町　安井理恵子《やすいりえこ》（47歳）

姑に対する不満

わが家は、静岡県名産のマスクメロンを専門に栽培する農家です。働き手は、七十二歳になる舅《しゅうと》、四十九歳の主人、私、パート一人の四人です。五十一坪ほどの温室が十一棟あり、冬も重油のヒーターで暖めて一年を通して栽培します。

毎朝六時過ぎに主人と二人で一仕事をしてから朝食の支度をし、八時半から本格的に農作業に入るという毎日です。普通の農家のような農閑期がないので、気の休まることはありません。

実家もメロン栽培の農家です。私は三人兄妹の真ん中で、子供の頃から農作業を手伝い、中学、高校ではテニスに打ち込み、高校卒業後は父に勧められるままに地元の農協に就職しました。

農協に在職中、私は将来の結婚について考えました。既婚の女子職員が、幼い子が風邪をひいても実家に預けて出勤し、心配そうに電話で様子を聞いていましたが、そうした姿を見るにつけ、「結婚するならやっぱり農家が良いな」としみじみ思ったものです。農家の主婦なら仕事の時間が自由になるので子育てと両立できる、これが私の結論でした。そんなことから、何度かお見合いをした末に農家の長男だった主人と巡り合い、昭和五十一年に結婚しました。

こうして嫁いだ安井家には、主人の両親、主人の弟と妹の二人がいて新婚早々から六人家族。けれども、働き者で優しい主人と温かな家族に囲まれて幸福を実感しました。最初の子供は流産しましたが、家族のみんなに慰《なぐさ》められ、翌年再び身籠《みご》って待望の長男が誕生しました。

ところが、長男が生まれてから思わぬことに直面しました。仕事を減らして育児をするつもりでしたが、昼間の育児は当然のように姑が受け持ち、結婚前に考えていた目論《もくろ》見《み》はあえなく潰《つい》えてしまったのです。

長年働き通してきた姑が、孫の誕生を機に仕事の第一線を引いて子守りをしたいと思うのは仕方のないことで、それは農家の昔からの風習でもあります。私もそう思って諦《あきら》めようとしましたが、やがて長女と次男が生まれてそうした生活が定着しても、心の奥底の不満はどうしても消えません。

とりわけ不満を感じたのは、姑と舅が頻繁《ひんぱん》に旅行に行くことでした。もちろん旅行は構わないのですが、私たちに対する配慮が欲しかったのです。私が期待したのは、「仕事は私たちがするから旅行にでも行って来なさい」という言葉です。

よほどの理由がなければ家を空けられない私にとって、ゆっくり骨休めをしたいという欲求は切実なものでした。しかし、自分の口からは切り出せません。主人は仕事一途《いちず》で、私が話しても苦笑《にがわら》いするだけでした。

また、姑の子供たちに対する接し方にも疑問を感じました。私に対してはごく普通でしたが、子供たちが部屋を散らかすと言っては叱りつけ、朝は大声で子供たちを起こすのです。そんな姑の声を聞いていると、私まで叱られているような気分になり、思わず肩が竦《すく》んでしまいます。姑との関係は、否応《いやおう》もなくギクシャクしたものになりました。

温室の中で見事なメロンを手にする安井理恵子さん

素直な気持ちで感謝する

そんな私が生長の家の教えにつながったのは、昭和六十年のことです。

実は、結婚して間もない頃に隣りのお婆さんから『白鳩』誌を毎月手渡されて読んでいましたが、「良いことが書いてあるなあ」というくらいの感想しかありませんでした。

ところが、そのお婆さん宅で生長の家白鳩会の母親教室が開かれることになり、私も誘われたのです。長年『白鳩』誌をいただいていた手前、断ることもできずに参加した私でしたが、講師の方が「つまらないと思ったら参加しなくても良いんですよ」と言われ、こんな自由な宗教もあるのかと驚きました。

それまで、宗教というものは一度首を突っ込んだら放して貰《もら》えないものだと思って不安を抱《いだ》いていたのです。明るい参加者ばかりで、私の気持ちはすっかり楽になり、主人の了解を得て毎月参加するようになりました。

また、驚いたのは舅が生長の家と縁があったことです。舅の亡くなった兄が戦前からの熱心な生長の家信徒で、生長の家創始者の谷口雅春先生の講習会で体験発表したこともあったそうです。舅は私が生長の家の教えを学ぶことをとても喜んでくれました。

そして、翌昭和六十一年には主人の妹の家庭問題を契機に、舅と姑が練成会(合宿形式で生長の家の教えを学び、実践するつどい)に参加して、感激して帰ってきました。次に舅はこの妹を連れて練成会に参加し、引き続いて私の主人も妹と一緒に練成会に参加しました。お蔭《かげ》で義妹はすっかり明るくなり、悩み抜いていた家庭問題はすっかり影をひそめました。

それから半年ほどして、私も主人と一緒に初めての練成会に参加しました。講師の方々の講話を拝聴して深い感動を覚えましたが、そうしたなかで実感したのは「私には神さまから素晴らしい家族と主人をいただいている。本当にありがたい」ということでした。そして、練成会の最後のお別れのときです。参加者同士で握手をしながら「ありがとうございます」と声をかけ合っていると、何とも言えない喜びがこみ上げて来ました。「見ず知らずの人たちとこれほど心が通じて喜びを分かち合えるのだから、姑とも必ず心から仲良くなれる」。あふれ出る涙にむせびながら、私はこう確信しました。

それまでの私は、せっかく母親教室で感謝の大切さを教えられても、その感謝ということにとらわれてしまい、姑の様子を窺《うかが》いながらモヤモヤした気分でいたのです。

けれども、練成会で学んだ「今を生きる」という気持ちが大切でした。後先のことは考えず、参加者と心が通じたように「素直な気持ちで感謝すれば良い」のです。

〝三日間だけ良い妻になってみよう〟

この日から、私の姑に対する受け答えはごく自然なものになりました。嬉《うれ》しいときには素直に「ありがとう」と言えました。姑との心の距離がぐっと近くなったことが実感できました。

主人に対しても、よい妻でありたいと思いました。そんなある日のことです。鹿沼景揚氏の著書『「神の子」の教育』〈上下〉(日本教文社刊)を読んでいて、その中に「わが家の人生劇場――良妻賢母の巻」というのが紹介されていました。それは、一ヵ月間良妻賢母の役を生活の場で演じてみるというものです。私は一ヵ月では長すぎるので、三日間だけ素直な妻になってみようと思いました。

主人に話してみると、「やれるもんならやってみな」と言います。私は「よし、それなら」と決意しましたが、これがとても難しいことでした。主人から仕事の指示を受けると、「今やろうとしていたのに…」と心の中で思ってしまい、肝心《かんじん》の「ハイ」がなかなか出ません。思い直して無理やり「ハイ」と生返事《なまへんじ》をするような始末で、自分がいかに素直な妻でなかったかを思い知りました。

また、主人に対して「あなたと結婚して良かったわ」と思い切って言ってみると、主人は意外なほど嬉しそうな顔をしています。「ハイ」の返事も何とか板について三日間演じ終えましたが、これなら毎日続けられると自信が湧きました。そして、やっているうちに気がつくと、家庭の雰囲気はとても明るくなっていました。

姑も練成会で生長の家の教えの素晴らしさを知って、平成六年から自宅で白鳩誌友会《しゆうかい》(生長の家の教えを学ぶつどい)を開くようになり、同年輩の近所の人がたくさん訪れるようになりました。

天国から見守ってくれている

そんなわが家に、異変が起きたのは平成十年六月のことです。

姑がとつぜん乳ガンと診断され、そのまま入院しました。直前まで元気でしたが一週間ほどで一人では歩けないほどの容態になり、手術を待つだけになりました。

私は、回復して欲しい一心で代田健藏静岡教区教化部長に相談してご指導を得、病院に外泊届を出して、京都府宇治市にある生長の家宇治別格本山*の練成会に一縷《いちる》の望みを託し、舅と主人が姑を抱きかかえるように付き添って参加したのです。

主人によると、姑は宇治に着くと驚くほど元気になって練成会を受け、夜は三人で川の字になって寝たそうです。姑は、「こんなにして寝るのはお前が小さいとき以来だね。こんな良いところは初めてだ。治ったらお礼参りに来たい」と嬉しそうに話したそうです。

姑は、練成会から帰って間もなく手術を受けましたが、ガンは全身に転移しており、意識が戻らぬままに他界してしまいました。家族は落胆《らくたん》しましたが、手術の直前まで姑が記していた日記には「私の人生は幸せでした。もしもの時にはおじいちゃんをよろしく頼みます」と書かれていました。また、姑の友達から「あなたのことを素晴らしい嫁だと誉《ほ》めていた」と聞かされ、何とも言えない感動がこみ上げてきました。

そして、こんな不思議なことがありました。主人の弟の妻には霊感があり、姑が臨終を迎える寸前に「お母さんはいま八角堂のあるところにいる」と話し、臨終を迎えると「白い着物と青い袴《はかま》姿の人が箒《ほうき》で庭を掃いているところに八角堂のような大きな建物があり、母がその前に立って『バイバイ、またね』と手を振って消えた」と言うのです。

私が「それは生長の家宇治別格本山では……」と話すと、宇治には行ったことがないこの義妹は、確かめてみたいと言い、主人も舅も「お礼参りに行くと言っていたのだから」と言って、四十九日の法要を終えると親族十一人が大挙《たいきょ》して宇治別格本山に行き、参拝しました。義妹は、「霊感で見たのはここに間違いない」と驚いた様子で話してくれました。

「お母さんは霊界でも生長の家を信仰して私たちを見守ってくれている」

これが私たち親族の素直な実感でした。

現在、私は姑のあとを継いで誌友会を開いています。そんななかで感じるのは、参加してくれる近所のお婆さんたちと仲良くなれて本当に良かったということです。

幼い頃貧しくて小学校にも満足に行けなかったため漢字が読めないという八十三歳の

お婆さんは、家族のためだと言って毎日野菜作りに精を出し、畑はいつも驚くほどきれいに草取りをしてあります。

耳の遠い八十四歳のお婆さんは、電話連絡ができないので誌友会に誘うときは、いつも畑に行きます。暑い日も畑仕事をしているので「がんばるねー」と話しかけると、「自分がやっているのではなくて、神さまが自分を通して働いて下さる」と答えてくれます。

そんなお婆さんたちのお世話をさせていただく私を、天国の姑もきっと喜んでくれていると思います。

今、この瞬間に幸福を実感します。明るく元気な舅とますます頼もしい主人、自分の道を逞《たくま》しく切り開くようになった子供たち。そして、神さまから与えられたメロン栽培という素晴らしい仕事……。この「今」に感謝し、素直な心で生きていきたいと思います。

(平成十二年十二月号　撮影／原　繁)

＊生長の家宇治別格本山＝巻末の「生長の家練成会案内」を参照。

シェークスピヤ物語 中巻

日本評論社編

○ 嵐の巻
○ 冬の夜話
○ 間違ひつゞきの一幕
○ じやぢや馬ならし
○ ヴェロナの二紳士
○ ヴェニスの商人
○ シムベリンの話
○ 命には命を以て購へ
○ 十二夜または御意のまゝ
○ アセンスのタイモン
○ ロミオとジュリエット
○ オセロー、ヴェニスの黒人

日本評論社

三十五年かかって心通い合った姑と私

京都市上京区　大久保《おおくぼ》むつ（65歳）

孤独感の果てに何度も家出

ののしり合いと家出の繰り返し…。それが私の結婚生活でした。

昭和三十二年、二十六歳のときに見合い結婚をしてから十六年間で、辛抱《しんぼう》できずに家を出たのは計四回。一番の原因は姑との不調和でした。姑は信仰深く、自《みずか》ら霊媒師《れいばいし》を名のり、多くの方々の悩みの相談にのっていました。しかしその反面、近所の方の悪口を毎日のように私に聞かせるのです。裏表のある姑の態度に、〝信仰者でありながら、なんと嫌《いや》な性格なのだろう〟と、私は心の中で裁《さば》いてばかりいたのです。主人にそうした不満をぶつけることもありました。しかし、親孝行な主人は取り合ってくれませんでした。ともに暮らす主人の弟妹にも仲良くしてもらえず、独りぼっち。私の孤独感は、結婚直後から始まり、ふくらんでいったのです。

その頃主人には定職がなく、経済的にもとても苦しい状況でした。赤ん坊だった次男を背負い、私は菓子の行商に。どうしても売れなかったときなど、戦死した夫をもつ姑は、「あんたは私の恩給をあてにしているのか」と怒鳴《どな》り、若い私もつい言い返して…。経済的なことを理由に、みごもった三人目の子を堕《お》ろすよう命じられた頃から、私の姑への心は氷のように冷たく堅《かた》くなっていったのです。そしてついに二人の子を連れて実家へ家出…。しかし、子どもたちはすぐに連れ戻《もど》され、引き裂《さ》かれるのが辛《つら》くて、私もお腹《なか》の子をあきらめて婚家に戻ることになりました。

二度目の家出のときは、五歳と六歳になった息子たちと風呂に入りながら、「母さんは明日《あす》、家を出ようと思うの」と打ち明けました。長男は黙っていましたが、「僕は行かない！」と次男からはつっぱねられました。兄弟を離ればなれにさすのも辛《つら》く、泣く泣く一人で家を出ることになりました。岡山へ。あるときは京都へ。紡績の工場で働いたり、旅館の下働きをしていましたが、町で息子たちと同じ年頃の子を見かけると、涙がとまらなくなって…。たまらなくなり、親戚の方に仲裁《ちゆうさい》に入っていただき家に戻るのですが、いたらない私は落ち着くことができず、その後も二度家を飛び出してしまった

「今のこの幸せをみなさまにお返ししていきたい」と大久保むつさん

のです。家に帰るたび、息子たち…とくに次男の私に対する態度は冷たくなっていきました。「オバサン」と私を呼び、避《さ》けるようになって、苦しくて悲しくて、とうとう昭和四十八年、京都へ出てからは香川県の家へ戻らなかったのです。

自分の生い立ちを恨んで

私は「生長の家」という言葉は、結婚した当初から知ってはいましたが、本格的に勉強したいと思うようになったのは、昭和四十八年に京都で西陣織の会社に勤めるようになってからのことでした。

その頃、知人から井上芳枝先生（生長の家地方講師）*を紹介してもらい、私はご指導を受けるようになりました。そこで初めて『父母に感謝せよ――感謝することが調和と幸福への道』ということを教えていただいたのです。

〝父母へ感謝だなんて。こんなに不幸な私をつくったのは、お母さんじゃないの！〟

自分の生い立ちが頭の中をかけめぐりました。母は最初の夫と死別して、二人の男の子（私の兄たち）を連れ、長野県で製糸工場をしていた父のもとに後妻に入りました。

そして姉が生まれ、私が生まれ…。しかし、私が一歳四ヵ月のときに、母は産後の患《わずら》いで亡くなったのです。六十歳を越していた父は、兄たちを養子に出し、病弱な姉を手元に残し、七歳になったばかりの私を香川県の老夫婦のもとへ養女に出しました。

しかし、一年もしないうちに、同じ香川県内に住む父の妹のもとへ。その後も親戚中をたらい回しにされ、最後は九歳のときに、父の妹の子（私にとってはいとこにあたります）の養女に落ち着きました。

そこにはすでに、私より年下の三人の子がいました。さらに私が養女になってから三人生まれ、私は義理の妹弟が六人できたわけです。養母は働いていたため、当然、家事と子守りが私の一日の仕事になりました。

高等小学校へは、幼い弟をおんぶして行かせてもらいましたが、中途退学。十代の思春期になると、養父（いとこ）の母（父の妹）に、「女の子は嫁入り支度に金がかかる」とたびたび言われ、落ち込み、反抗し、家出。連れ戻されてからは、〝なぜ私のような不要な者がこの世に生まれたのだろう。お母さんが再婚さえしなければ。お母さんが早くに死んでしまわなければ、私はこんな目にあわなかったのに〟と、母を恨《うら》み、世の中を恨み、首吊《くびつ》り自殺未遂をいたしました。

また二十歳のとき家出…。日雇《ひやと》いの職を転々とし、半年後にきちんとした紡績会社に就職し、四年後…。私は見合い結婚をしたのです。温かい家庭を築きたいと願いながら！

そんな私が、父母にいったい何を感謝すればいいというのでしょう。しかし反発しながらもなぜか私は、生長の家の「練成会」に参加したくてたまらなくなっていきました。何かが変わる。そんな予感があったのです。

母に感謝できた瞬間

生長の家の月刊誌で、富士河口湖練成道場、*本部（飛田給）練成道場、*宇治別格本山、長崎の総本山*などで「練成会」があるということを知ると、仕事を何とか休ませてもらって、私はできるだけ参加するようになりました。そして、昭和五十三年に参加した本部練成会のとき、私はついに変わることができたのです。

練成会ではさまざまな行事を行いますが、畳をカラタオルで拭《ふ》きながら、「お父さん、ありがとうございます。お母さん、ありがとうございます」と唱《とな》えていたときふと、二人の息子たちのことが鮮明に思い出されてきたのです。

幼いときのあのかわいい笑顔。小さな手…。あの子たちを私は手放した。ごめんね、ごめんね…。辛《つら》くて涙がどんどんあふれ出したとき、ハッとしたのです。一歳四ヵ月の赤子だった私をおいて死んだときの母の気持はこれだ！ と。それまでに、「お母さんも辛かったことでしょう」とご指導していただいていたのですが、私には実感できなかったのです。今のこの胸が引き裂かれるような思い。この思いを私は母に何十年も味わせ続けてきたのではなかったか。母を恨んで恨んで、自分でどんどん不幸になって…。

「お母さん、ごめんなさい、ごめんなさい！」

初めて心の底から懺悔《ざんげ》できた瞬間でした。

それからは、さまざまなことが、霧がはれるようにわかってきました。十代の頃の自殺未遂のとき、誰かに呼ばれたような気がして思いとどまったときがありました。あれも、母だったに違いありません。母に感謝できたとき、養母のことも思い出しました。私が養女に行ってから、養母は四歳になる娘を赤痢《せきり》で亡くしているのです。そのときは何も思わなかったのですが、養母は、自分の娘を犠牲にしても私を育ててくださったのではなかったか…。私は育ての母にも感謝することができたのです。生長の家に入信して五年かかってやっと、今までの〝不幸〟は、恨みや憎しみでいっぱいの私の心が引き寄せていたのだと気づいたのでした。

命をかけて調和させてくれた主人

練成会から戻ると、私はさっそく、いたらなかった自分を詫《わ》びに、婚家に出向きました。しかしどれほど許しを請《こ》うても、許してはもらえませんでした。主人は黙ったまま。悲しくて帰ろうとすると、しばらくして後を主人が追いかけてくるのがわかりました。しかし、なぜか私はふり切って逃げてしまったのです。

どうしていいのかわからないまま、それでも調和を祈らずにはいられなくて、それからは毎日毎日、「お父さん、ありがとうございます。お母さん、ありがとうございます」と一日一万回祈る日々が続きました。五回を〝正〟の字で数え、原稿用紙のひとますずつを埋めていくと、一枚で二千回祈った計算になり、それが一日、四時間ほどで五枚になります。あっという間に原稿用紙一冊がなくなり、二冊目、三冊目…。十冊以上にもなる頃には、静かに自分の過去を見つめ直すことができるようになりました。

私には結局この世に生んでやれなかった子どもが三人おりました。一人ひとりに名をつけ、心の底から詫びました。次男がお腹に宿ったときも、初めは〝またできてしまった。どうしよう〟という気持だったことを思い出しました。流れてくれないだろうか…そんな恐ろしい母親の思いを次男は感じないわけがないのです。生まれてからの反抗的な態度も、みな私のせいだったと詫び続けました。

また、主人には私と結婚する前につきあっていた女性がおり、その方が、主人の子どもを生むことができなかったことも知っておりました。そこでその子の供養もさせていただきました。しかし、女性のことは気にとめていなかったのです。でもだんだんと、その方もどんなに辛かったろうかと思うようになりました。すると不思議なことに、その女性と姑の姿が重《かさ》なって浮かぶことが多くなったのです。姑の態度や、追いかけてくれた主人をふり切った私の妙な態度などに、その女性の目に見えない悲しい念《こころ》を感じ、私はその方の幸せも真剣に祈る毎日になりました。

そして十四年の歳月が流れ、平成四年の三月。突然、主人の事故死の報《しら》せが私のもとに届いたのです。谷底に突き落とされるような気持のまま婚家にかけつけると、目を泣き腫《は》らした姑が自分の部屋に通してくれました。

そして「三日前にあんたに逢《あ》いたがっていたんだよ。逢わせておけばよかった。あんたに、今まで辛《つら》いさみしい思いをさせてすまなかったねえ」と手をついてあやまってくれたのです。私たちは、初めて抱き合って泣き続けました。その後、北枕に寝かされている主人の部屋へ通され、私は主人にすがりついて泣きました。

三十五日の法要のときには、長男、次男に私の生い立ちをすべて話し、許してほしいとあやまりました。二人とも、もう何とも思っていないといってくれました。主人は命をかけて私と姑、そして子どもたちとも和解させてくださった観世音菩薩だったのです。

あれから三年…。姑は平成七年の七月に亡くなりましたが、それまではいつもやさしい笑顔を私に向けてくれました。長男、次男の孫も抱けるようになり、十数年心に描いていた通りの幸せな日々をやっと手にいれることができたのです。つい先日も女の子が生まれたばかりの次男がこういってくれました。

「母さん、親がどんなに子どもを愛《いと》しく思っているかわかったよ」

生長の家の地方講師までさせていただくようになった今、この幸せを皆さまにお返ししていこうと思っております。

（平成八年二月号　撮影／田中誠一）

＊生長の家地方講師＝生長の家の教えを居住地で伝えるボランティアの講師。
＊富士河口湖練成道場＝巻末の「生長の家練成会案内」を参照。
＊本部（飛田給）練成道場＝生長の家本部練成道場。巻末の「生長の家練成会案内」を参照。
＊長崎の総本山＝生長の家総本山。巻末の「生長の家練成会案内」を参照。

神さまは夫の両親の愛となって

鳥取県気高町　佃《つくだ》　友恵《ともえ》（49歳）

義母に心を閉ざして

私の母は若いときから生長の家に入信しておりました。幼い頃よく母に手を引かれて、ご近所にお話を聴きにいった記憶があります。朝晩、一所懸命に聖経（生長の家のお経の総称）を誦《あ》げている姿や、いつもにこやかな笑顔、やさしい言葉がけや態度で、私は生活の中から自然に御教えを伝えられました。京都府宇治市にある生長の家宇治別格本山で行われた高校生練成会では、「日本という国のすばらしさ」「人間のすばらしさ」など、学校では教わらなかったお話を聴き、心の底からこみあげてくる感動を覚えたものです。

高校卒業後は生まれ育った鳥取県を離れて、兵庫県尼崎市にある肌着メーカーに就職。寮生活に入る前に、母は『青年の書』（谷口雅春著、日本教文社刊）という本を持たせてくれました。若き青年のために書かれたその本は、人生の意義を示し、生きる希望と情熱を掻《か》き立ててくれ、厳しい寮生活のなかでの心の支えとなりました。そしてもう一つは母からの手紙。温かい、いたわりの言葉がいっぱいの母の手紙がとても楽しみでした。私も毎月のように近況を報《しら》せていました。

二十三歳のとき、見合いの話がありました。相手のご両親はともに、母と同じ信仰をおもちの方と聞き、私は安心して結婚を決意しました。五年間勤めた会社を辞《や》めて鳥取に戻り、昭和四十六年四月に結婚、主人と主人の両親との同居生活が始まりました。新しい生活に夢いっぱいだった私。しかし……

主人の母——義母はとても几帳面《きちようめん》な性格の人で、自分にも人にも厳しいところがありました。朝起きる時間や、職場——その頃、私は鳥取市内の産婦人科医院で受付と医療事務の仕事をしておりました——からの帰宅時間にはいつも気をつかっていました。そして、いつしか、「お義母《かあ》さんには甘えられない」という思いで心を閉ざしてしまったのです。

そればかりか何かことあるごとに「里の母なら〝おかえり〟と出迎えてくれて、まずいたわりの言葉をかけてくれたのに」「里の母だったら、こういうときは……」と、実家の母と比較してばかり。そんな思いが次第に義母を疎外視《そがいし》するようになったのです。

主人と義母はなさぬ仲だったので、主人も遠慮して嫁姑のことに関しては口出しをせず、義父も、ただ黙って見守っている感じでした。私には、婚家に溶け込めない寂《さび》しさで、自分の居場所がなかったのです。

母親の悲しみが子どもたちの夜尿症となって

五年たってようやく長男を授かりました。義母が子守を引き受けてくれましたので、私は仕事を続けました。

帰宅すると、夕食のしたくをしている義母に気を遣《つか》い、足もとにむしゃぶりついて甘える長男を、「ごめんね。ちょっと待ってね、あとでね」と引き離し、急いで台所へ。こんなときも、「しっかり抱きしめてやりたい」と、悲しみの心がふくらんでいきました。

長男を授かってから四年目に長女、それから二年目に次男と、三人の子に恵まれました。

「神さまは、私の一番身近なところで義父・義母の愛となっていらっしゃった」と佃友恵さん

ところが長男と長女は、排尿の抑制《よくせい》機能が完成する四歳を過ぎても、ほとんど毎晩のようにオネショが続き、どうしても治らなかったのです。毎日蒲団を干し、何枚ものシーツやバスタオル、パジャマの洗濯と……。少しでも気持のいい蒲団で寝かせてやりたくて、年に二、三回は買い換えるような状態でした。

何よりかわいそうだったのは、寒い中を一時間おきに起こしトイレに連れて行くとき。たいていトイレでは出ず、次に起こすときにはびっしょり濡《ぬ》れていて、眠そうな子どものパジャマとシーツを替える……。二人とも小学校を卒業するまでの、十七年間もこんな状態が続いたのです。

またそれだけではなく、末っ子の次男は、一歳九ヵ月のときに機械に手をはさまれ、右手の中指に大ケガを。小さな指を三回も手術し軟骨を固定し針を植え、何ヵ月も通院しましたが、指先が小首を傾《かし》げたように曲がったままになってしまったのです。

精神的にまいるとともに、蒲団代・医療費と経済的にも苦しくなって、私は三歳にならない次男を保育園にあずけ、家からも保育園・小学校からも近い事務用品の工場で働かざるを得なくなりました。そして、いつしか外に救いを求めていたのです。他の宗教を二年ほど学びましたが、心の安らぎは得られませんでした。

ずっと導かれていた

主人の両親は自宅を開放して、夜、生長の家の誌友会を長年開いておりました。しかし私は小さなことで、義父に対しても反抗的な心をもつようになっており、誌友会があっても主人が帰宅すると同時に中座したり、お茶だけ出して他の部屋にいたり。頑《かたくな》に、この身近にあったすばらしい機会を生かそうとしなかったのです。

そんな私でしたが、神さまはずっと手をさしのべ続けていてくださったのです。長男が小学校四年生の頃、偶然、家にお招きした生長の家の講師が、「子どもの夜尿症というのは、母親の心の悲しみが〝涙〟、つまり〝水〟という形となって、子どもに現れるのですよ」と話されたのです。思いあたるふしがたくさんありました。二人の子どもたちに永い間、辛《つら》い悲しい思いをさせてきたことを本当に申し訳なかったという思いと同時に、少しずつ我《が》を張らずに、生長の家の話に耳を傾けることができるようになっていきました。

「中学生までに夜尿症は治るものですよ」と聞いたときは、心からそれを信じ、小学校六年生の修学旅行に行かせるときも、「絶対、大丈夫」とずっと私自身に言い聞かせました。子どもたちは修学旅行を無事終え、自信がついたのか、それ以来オネショの回数はぐっと減り、中学に上がるまでには二人とも完治したのです。

次男は、自分の指のことをまったく気にせず育ったかのようでした。しかし、小学校五年生のときでした。私が部屋を掃除中、枕のカバーの中から一枚の紙切れが出てきて、そこには『無理かもしれないけれど、できれば、ふつうの指になりたい』と書いていたのです。思わず涙が込み上げてきました。さっそくその夜、二人で話しました。

「この指を三回も手術をしたこと覚えてるか？」

「少しは覚えてる」

「今は骨が小さいから、もう少し大きくなってから手術した方がいいと言われたので、決して放ったらかしているわけじゃないよ」

次男は納得したようでした。その後、学校で個人懇談《こんだん》があり、担任の先生が、「この頃急に、精神的に落ちついてきたようですね」と言ってくださいました。気づかないうちに、ずっと神さまに導かれていたのでした。

さびしかったのは義母の方だった！

「鳥取で開催される白鳩会教区大会にお話を聴きに行きませんか」

生長の家白鳩会鳥取教区連合会会長の徳田静江講師からお電話をいただいたのは一昨年、平成八年秋のこと。私は長い間、この一言を心のどこかで待っていたような気がして、「行かせていただきます！」とすぐに返事をしました。その後、徳田講師のご自宅にうかがい、「目の前の小さなことにとらわれないで、神さまに心を向けなさい。きっとよくなりますよ」とおっしゃっていただき、砂漠でオアシスに出合ったような気持になったのです。

そして昨年四月、家から車で五分の〝浜村〟という地域で新しく誌友会の会場を提供してくださる方ができたというので、喜んで出かけました。そこで思いがけず白鳩会の「支部長」のお役を拝命してしまったのです。

月に一度の支部長会、新しい会場での誌友会、講習会に参加し、また神想観《しんそうかん》、先祖供養を行い、生長の家のお話を積極的に聴く機会がどんどん増えるにつれ、私はいろいろなことが観《み》えてきたのです。

まず先祖供養の大切さです。先祖というのは木で言えば根っこ。幹が父母で、枝葉が子孫。枝葉を繁栄させるためには根っこ――つまり、ご先祖さまを大事にしなければいけない。私はいままで、お仏壇に形だけ手を合わせたり、適当にお供えをしたりしていたのです。

神想観をするときは、家族団欒《だんらん》の楽しい姿を一所懸命思い描くようにしました。二十数年、辛《つら》いときばかりでなく、一時期にはいい関係になったときもあったのです。たとえば、家で誌友会があった日は、義母の態度は和《やわ》らいでいるように感じましたし、旅行に行ったときは、ブラウスなどをおみやげに買ってきてくれたこともありました。そうしたことを思い出しているうちに、ふと私は気づいたのです。お義母《かあ》さんは、私よりさびしかったんじゃないだろうか。

義母が後妻に入ったとき、主人は中学三年生、弟たちは小学六年生と三年生だったそうです。なかなか慣《な》れてくれない先妻の息子たち。義父も仕事で家をあけることが多かったそうです。そんななか、脳腫瘍《のうしゅよう》、脊椎《せきつい》が曲がる病気、ヘルニア、胃ガンなど次々と大きな病気にかかり、後遺症でずっと足も不自由になっていた義母。どんなに辛かったろうと思います。そして若い嫁は、めったに笑顔も見せず、里の母親ばかりに思いを寄せる。孫の夜尿症のことも、ケガのことも、何も自分には相談してくれようとはしない……。

義母の立場に立ったとき、私は初めて、自分自身を見つめ直すことができたのです。

いつか私が悟《さと》るだろうと、広い心で見守っていてくれた義父。子どもたちの夜尿症のことで、一言も私を責《せ》めなかった主人。

私の頑《かたくな》な心のせいで、何年も辛い悲しい思いをさせてしまった長男、長女。義父、主人という一家の中心を立てる心が欠けていたために、次男にはケガをさせてしまった……。

もっと早くに私が神さまに心を向けていたなら！　後悔の涙が込み上げて止めることができなかったのです。

五月の母の日には、嫁いで初めて義母に自分でアレンジした鉢植えの花をプレゼントし、本当に素直な気持で、一通の手紙をそえることができました。『お義母さん、いつもありがとうございます。行き届かぬことばかりで申し訳ありません。元気で長生きしてください』。少しずつ義母の雰囲気が和《やわ》らいでくるようでした。

昨年十月、山口県の生長の家松陰練成道場*で行われた幹部研修会（三泊四日）に義母に無理を言って出していただいたときは、戻るとかなり不機嫌な様子でした。私は夜遅くまで、義母のすばらしい「神の子」の実相（神が創《つく》られたままの完全円満な姿）を祈り、翌朝も早くから祈り続けました。そして台所にいると、義母が朝食を食べに入ってくるなり、「昨日はあんな態度とってすまなんだなあ」と言ってくださったのです。私も、「痛いときやえらいときは、誰も一緒だから……」と言いました。あんなに嬉しかったことはありません。

今、義母は、家の中で転んで骨折してしまい入院をしています。その半生で入退院を繰り返し、辛くさびしい思いをしてきたであろう義母に、「ありがとう」と最後に一言言っていただけるまでお世話させていただこう。それが私の願いです。そんなふうに思えるようになるなんて……、神さまは、私の一番身近なところで義父・義母の愛となっていらっしゃった。『神に感謝しても父母《ちちはは》に感謝し得ないものは神の心にかなわぬ』という教えが痛いほど心にしみます。これからはいつも神さまのことを第一として、嫁いで二十七年間の空白を一所懸命埋めて、何倍もの明るい家庭をつくっていきたいと思っています。

（平成十年三月号　撮影／原　繁）

＊生長の家松陰練成道場＝巻末の「生長の家練成会案内」を参照。

〝恐怖も病気もない世界〟を知って健康になりました。いま、家業も順調です

秋田県男鹿市　渡部睦子《わたなべむつこ》（54歳）

出産恐怖症を脱して

〝ぜひ、長男の嫁になってください〟と、わが家に、男鹿《おが》市から義母が訪ねて鄭重《ていちょう》に挨拶してくれたのは、昭和四十年の始めでした。〝このお義母《かあ》さんなら、娘を出しても安心だ〟と、私の実父母も太鼓判《たいこばん》を押してくれました。主人と見合いをして同年四月に結婚しました。

当時、実父母は農業をしておりました（今はやめましたが）。四人きょうだいの長女だった私は、縁談があったときには、洋装店に勤めて洋服を縫っていました。義父は畳店を営《いとな》んでいました。主人はその後継者で、温和で誠実な人でした。

婚家には職人さんが六人いました。その内、住み込みの職人さんと、義父母、主人、

主人のきょうだい四人、それに私を合わせると、婚家は大家族でした。

一年後に、長女を授かりました。悪阻《つわり》がひどくて、臨月を迎えるまでに入退院を繰り返して、難産の末にやっと生まれた子でした。このときから私の内に、出産恐怖症が芽生えました。

四十四年に再び妊娠。前回にも増す難産で女の子を出産しましたが、この子は出産時に脳内出血を起こして、四日後に亡くなりました。あまりにも短い命だったわが子に手を合わせて冥福を祈りました。しばらくは、ショックから立ち上がることができませんでした。「神さま、助けて！」。知らず識《し》らずのうちに私は心の支えになるものを求めていました。その救いは目の前にあったのです。気づかなかっただけでした。義母が生長の家の信徒だったのです。

生長の家の講習会があると、義母は私が作った弁当を持って楽しそうに出かけていました。でも私は、生長の家って何だろう、というくらいで特別に関心はなく、直接、義母に生長の家のことを尋《たず》ねることもしませんでした。ただ、『白鳩』誌が家の中に置いてありましたので、それが義母の私への心遣《こころづか》いだったのだと思います。

私はある日、その『白鳩』誌を手に取り、頁《ページ》をめくっていました。そこには、『恐れると恐れるものがくる。常に心に光をもて！』といったことが書いてありました。

出産は恐いものだと不安をもっていたから、それがそのまま難産という形となって現れたのだ――とわかりました。私は、もっともっと生長の家の教えを知りたい、学びたいと思い、秋田県教化部の練成会に自《みずか》ら進んで参加しました。

そして、翌四十五年に妊娠したときには、〝神さまの子どもを授かったのだから、もう苦痛はない。お産が苦しいというのは迷信だ。神さまにおまかせしていれば、無痛分娩で出産できるから大丈夫！〟と、自分に言い聞かせることができました。そして、その通りに安産で女の子を授かりました。

二人の子どもがもの心つく頃から、私は講習会や教化部へ一緒に連れて行きました。子どもたちも、自然に生長の家が大好きになり、ジュニア友の会（生長の家の中学生のグループ）に入って率先《そっせん》して友達に生長の家を伝えて歩き、光の輪を広げる活動をしてくれました。義母と私と子ども、孫の四代が生長の家を信仰できる幸せを、しみじみ有難く思う毎日です。

“恐怖も病気もない世界”を知って健康になりました。いま、家業も順調です

「生長の家を信仰できる幸せを感謝しています」と渡部睦子さん

甲状腺の異常と疲労が重なって

平成六年九月頃のことでした。からだが異常に疲れ、体重が一晩で一キログラムずつ落ちていくので、病院で診《み》てもらうと、甲状腺の異常と診断されました。一生、薬を服《の》み続ける人もいると聞かされて、私は一瞬、目の前が真っ暗になりました。

医者からもらった薬を服みながら、〝私は生長の家を信仰していたではないか。生長の家では、〈神の子には病はない〉と教えられているのに、〈病がある〉と認めてこうして薬を服んでいる。今までの私の信仰は何だったのか〟と自問自答しました。そして、〝練成会に参加しよう。きっと救われる〟と思い、秋田県教化部の練成会に参加しました。

そこで、病気を思うから病気になるのであって、病気は忘れたときに消える、と教えられました。病気の奴隷になるのだけはやめよう。常に心に健康を思うことにしようと決めました。

帰宅してから、定期的に月一回の検診は受けていましたが、薬は一年半だけ服んでやめました。

昨年の暮れ、八十七歳の義父が風邪をこじらせて肺炎を併発《へいはつ》し、入院しました。続いて、義母も風邪から肺炎を併発して入院。昼間は義妹が病人に付き添い、私は夜の六時から翌朝の八時まで付き添いました。

患者さんが多くて、病院のベッドが足りなくなり、義母は五日間、義父は十日間の入院でしたが、入院中、義父が突然、夜中に病院内を徘徊《はいかい》するようになり、私は一睡もしないで付き添い見守りました。

家事、畳店の事務の仕事、店番（カーペット類も販売）と、一人で何役もこなしていましたから、目に見えない疲労が重なっていたようです。義父母が退院しても、病気が回復したわけではありません。二人で枕を並べて安静状態です。夜中には何回も起こされます。寒いので、ストーブを昼夜焚《た》き、食事の世話から下《しも》の世話まで、主人と一緒にさせてもらいました。

年内の用事をすべて終えた十二月三十一日のことでした。目眩《めまい》と脱力感から、今度は私が倒れてしまったのです。甲状腺の異常があったことも原因かもしれませんが、年が明けて病院で治療を受けても、なかなか回復しません。主婦の私がいつまでもこんな状態では駄目《だめ》だと思い、気持は焦《あせ》りました。

〝そうだ、二月の練成会に参加しよう。あそこへ行けば必ず回復するんだ〟

そう思った私は、「必ず良くなって帰ってきますから、行かせて下さい」と義母に頼み許しを得ました。

感謝の気持でいっぱいに

教化部の玄関に入ったとたん、顔見知りの職員の方が、「どうしたの？ そんなに痩《や》せて…」と心配して声をかけてくれました。おそらく、私が生気のない幽霊のような顔をしていたのだと思います。

教化部には、何とも言えない安らいだ雰囲気が漂《ただよ》っていました。参加者の皆さんが合掌して優しく迎えて下さいます。〝これで私は必ず元気になるんだ〟と不思議な安心感がわき上がってきました。

夢中ですべての行事に取り組みました。浄心行《じょうしんぎょう》のときのことです。

「お義父《とう》さん、ありがとうございます。お義母《かあ》さん、ありがとうございます」と唱《とな》えていますと、〝今まで義父母の世話をさせてもらって、自分では精一杯《せいいっぱい》のつもりでやっていたけれど、義父母にとっては決して満足のいくものではなかったのではないか〟と気がついたのです。

〝私を嫁として迎えて下さり、本当のわが娘のように可愛がり、導いてくださったご恩に、本気で感謝していただろうか……。ああ、申し訳なかった〟と熱いものが胸にこみ上げてきました。

「お義父さん、お義母さん、有難うございます!!」と感謝の気持でいっぱいになりました。すると、不思議なことに食欲も出てきて、周囲のすべてが、私を祝福しているように輝いて見えました。喜びが全身を包み、とても幸せな気分になりました。

「かあさんは、家の神さま」

身も心も歓喜に満たされて家に帰ると、寝たきりだった義父が、起きあがって私を迎えてくれるではありませんか。そして「おれ達に、あいそつかして、家出ていったかと思った。かあさんがいなくて寂しかった。これからも、ずーっとこの家にいてけれ」と目に涙をためて哀願《あいがん》するのです。〝ああ、私のことをこんなに心配して、頼って下さる〟と思うと、有難くて思わず手を合わせました。

義父は耳も遠くなり、テレビを見てもつまらなく退屈だと言うようになっていました。私は『甘露の法雨』を渡して、「おじいちゃん、これは世界で一番素晴らしい神さまの言葉が書かれたお経だから読んでごらん。必ず病気は治るし、商売も繁盛。すべてが善くなるから」と勧《すす》めました。

今までは、「無神論者だから、今さら神さまが救ってくれる訳がない」と言っていたのに、素直に実行してくれました。

それからは、義父は神仏に合掌するようになり、「かあさんには世話かけるな。かあさんは家の神さまだ。からだ大事にしてけれ！」と、やさしい言葉を掛けてくれるようになりました。三度の食事のときにも合掌するようになり、すっかり元気になった義父は、今では、裏庭で盆栽と野菜づくりに汗を流しています。

義父が元気になると、義母も元気になって、月一回の短歌会を楽しみに出かけます。わが家に再び明るい灯《ひ》がともりました。

大船に乗った気分で

私は、二月に引き続いて、三月、五月と続けて練成会に参加して、さらに「人間・神の子、病なし」の信念を強めて、五月の定期検診を受けました。「甲状腺は全く異常ありません。良くなりました。貴女《あなた》は運がいいですね」とお医者さんが言ってくれました。天にも昇るような喜びでした。

私は、長年の感謝の気持を表したくて、今年の一月に、従業員全員を聖使命会に入会させていただきました。

それから間もなくのことです。従業員が車に乗って仕事に向かう途中、交通事故に巻き込まれる寸前で助かる、という出来事がありました。その報告を聞いたとき私は、思わず「神さま、ありがとうございます」と合掌しました。常々、徳積《とくづ》みの大切さを教えられておりますが、本当にその通りです。

今年は、講習会の受講券を三十三枚、購入させていただきました。病気になり、病院へ通って多額の治療費を支払っていたことを思えば、人類光明化運動のお役に立てることは、比較にならないほどの幸せです。

長女も次女も、それぞれ巣立っていきました。長女はいま小学三年の長女と小学二年の長男の、二人の子の母親です。私はこの孫たちを、幼い頃から練成会に連れていきましたので、二人とも生長の家が大好きです。祈りの言葉を唱えたり神想観《しんそうかん》をしたりします。

渡部家に嫁いで、生長の家に入信できたのも、神さまのお導きだったと思います。どちらかと言うと内向的だった私の性格も、生長の家を知ってからはプラス思考ができるようになりました。また、いつも生長の家の聖典や月刊誌を読み、神想観をして心を調《ととの》えることができるので、神さまの大船に乗ったような豊かな気分でいられます。

いまの時代の新築家屋は、洋間が増えて畳の部屋は少なくなる傾向にありますが、そんななかでも、家業の畳店は、お蔭様で神さまから間断なく仕事を与えられております。

感謝の心を忘れずに、満たされた幸せをかみしめる今日この頃です。

（平成九年十一月号　撮影／田中誠一）

●生長の家練成会案内

総本山……長崎県西彼杵郡西彼町喰場郷1567　☎0959-27-1155
　＊龍宮住吉本宮練成会……毎月１日～７日（１月を除く）
　＊龍宮住吉本宮境内地献労練成会……毎月７日～10日（５月を除く）
本部練成道場……東京都調布市飛田給2-3-1　☎0424-84-1122
　＊一般練成会……毎月１日～10日
　＊短期練成会……毎月第三週の木～日曜日
　＊光明実践練成会……毎月第二週の金～日曜日
　＊経営トップセミナー、能力開発セミナー……（問い合わせのこと）
宇治別格本山……京都府宇治市宇治塔の川32　☎0774-21-2151
　＊一般練成会……毎月10日～20日
　＊神の子を自覚する練成会……毎月月末日～５日
　＊伝道実践者養成練成会……毎月20日～22日（11月を除く）
　＊能力開発研修会……（問い合わせのこと）
富士河口湖練成道場……山梨県南都留郡富士河口湖町船津5088　☎0555-72-1207
　＊一般練成会……毎月10日～20日
　＊短期練成会……毎月月末日～３日
　＊能力開発繁栄研修会……（問い合わせのこと）
ゆには練成道場……福岡県太宰府市都府楼南5-1-1　☎092-921-1417
　＊一般練成会……毎月13日～20日
　＊短期練成会……毎月25日～27日（12月を除く）
松陰練成道場……山口県吉敷郡阿知須町大平山1134　☎0836-65-2195
　＊一般練成会……毎月15日～21日
　＊伝道実践者養成練成会……（問い合わせのこと）

○奉納金・持参品・日程変更等、詳細は各道場へお問い合わせください。
○各教区でも練成会が開催されています。詳しくは各教化部にお問い合わせください。
○海外は「北米練成道場」「ハワイ練成道場」「南米練成道場」等があります。

生長の家本部　〒150-8672　東京都渋谷区神宮前1-23-30　☎03-3401-0131　FAX03-3401-3596

教化部名	所　在　地	電話番号	FAX番号
静岡県	〒432-8011　浜松市城北2-8-14	053-471-7193	053-471-7195
愛知県	〒460-0011　名古屋市中区大須4-15-53	052-262-7761	052-262-7751
岐阜県	〒500-8824　岐阜市北八ッ寺町1	058-265-7131	058-267-1151
三重県	〒514-0034　津市南丸之内9-15	059-224-1177	059-224-0933
滋賀県	〒527-0034　八日市市沖野1-4-28	0748-22-1388	0748-24-2141
京　都	〒606-8332　京都市左京区岡崎東天王町31	075-761-1313	075-761-3276
両丹道場	〒625-0081　舞鶴市北吸497	0773-62-1443	0773-63-7861
奈良県	〒639-1016　大和郡山市城南町2-35	0743-53-0518	0743-54-5210
大　阪	〒543-0001　大阪市天王寺区上本町5-6-15	06-6761-2906	06-6768-6385
和歌山県	〒641-0051　和歌山市西高松1-3-5	073-436-7220	073-436-7267
兵庫県	〒650-0016　神戸市中央区橘通2-3-15	078-341-3921	078-371-5688
岡山県	〒703-8256　岡山市浜2-4-36(仮事務所)	086-272-3281	086-273-3581
広島県	〒732-0057　広島市東区二葉の里2-6-27	082-264-1366	082-263-5396
鳥取県	〒682-0022　倉吉市上井町1-251	0858-26-2477	0858-26-6919
島根県	〒693-0004　出雲市渡橋町542-12	0853-22-5331	0853-23-3107
山口県	〒754-1252　吉敷郡阿知須町字大平山1134	0836-65-5969	0836-65-5954
香川県	〒761-0104　高松市高松町1557-34	087-841-1241	087-843-3891
愛媛県	〒791-1112　松山市南高井町1744-1	089-976-2131	089-976-4188
徳島県	〒770-8072　徳島市八万町中津浦229-1	088-625-2611	088-625-2606
高知県	〒780-0862　高知市鷹匠町2-1-2	088-822-4178	088-822-4143
福岡県	〒818-0105　太宰府市都府楼南5-1-1	092-921-1414	092-921-1523
大分県	〒870-0047　大分市中島西1-8-18	097-534-4896	097-534-6347
佐賀県	〒840-0811　佐賀市大財4-5-6	0952-23-7358	0952-23-7505
長　崎	〒852-8017　長崎市岩見町8-1	095-862-1150	095-862-0054
佐世保	〒857-0027　佐世保市谷郷町12-21	0956-22-6474	0956-22-4758
熊本県	〒860-0032　熊本市万町2-30	096-353-5853	096-354-7050
宮崎県	〒889-2162　宮崎市青島1-8-5	0985-65-2150	0985-55-4930
鹿児島県	〒892-0846　鹿児島市加治屋町2-2	099-224-4088	099-224-4089
沖縄県	〒900-0012　那覇市泊1-11-4	098-867-3531	098-867-6812